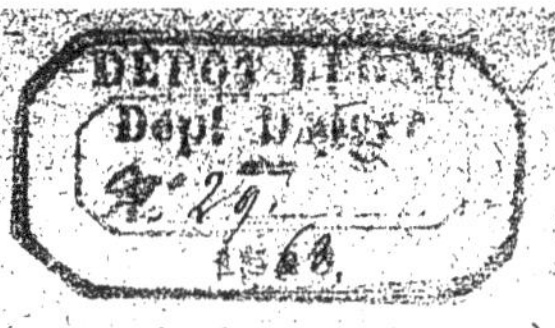

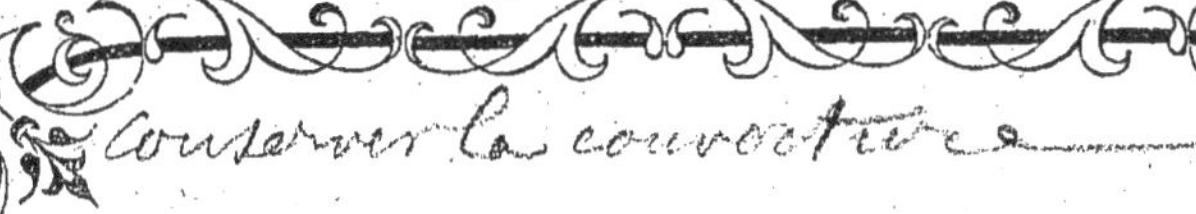

LETTRE

DE

M. le Baron Charles DUPIN

A M. SARLANDE, Maire

ET

A MM. LES MEMBRES DU CONSEIL MUNICIPAL

D'ALGER

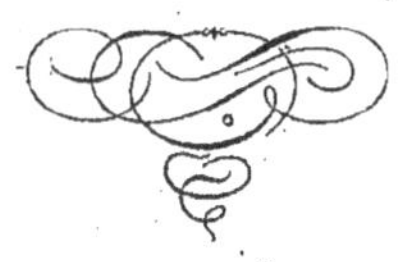

ALGER

—

1863

LETTRE

DE

M. LE BARON CHARLES DUPIN.

A M. Sarlande, Maire,

ET

A MM. LES MEMBRES DU CONSEIL MUNICIPAL D'ALGER.

Paris, le 8 avril 1863.

Monsieur le Maire,

Il est honorable pour le grand Corps de l'Etat, dont je suis un des moindres Membres, qu'un simple rapport sur vos pétitions ait relevé les espérances des citoyens de l'Algérie et leur ait fait penser que leurs intérêts, appréciés suivant leur juste importance, seront consultés et satisfaits.

Il est touchant pour mon cœur de voir que mes faibles efforts aient excité, chez notre glorieuse conquête, un sentiment de reconnaissance, et je dirais presque d'affection dont vous vous êtes rendu l'interprète dans votre fête du 31 mars, par votre toast, si chaleureusement accueilli des plus nobles Habitants et Magistrats d'Alger.

Permettez-moi de répondre à vos nobles paroles, ainsi qu'à vos sentiments, en vous offrant quelques-unes des réflexions qui m'ont souvent occupé sur l'avenir de la Cité dont vous êtes le premier et digne représentant.

Chaque ville a ses destinées d'accroissement, de stagnation ou de décadence ; les unes dépendent de leur propre génie, les autres de circonstances extérieures. Je voudrais pouvoir vous montrer, à ce point de vue, quel grand avenir vous attend, et jusqu'à quel point cet avenir dépend de vos propres efforts.

En 1830, Alger qui ne comptait de chrétiens que dans ses bagnes, ne compte plus, au contraire, qu'un sixième de ses habitants qui soient soumis à la loi de Mahomet, même y compris les renégats.

Ce grand changement s'est opéré sans effort, sans violence ; un certain nombre de Turcs et de Maures se sont volontairement éloignés ; les mauvaises lois et les mauvaises mœurs ont fait diminuer, en nombre considérable, les Musulmans que la piraterie, l'appât du gain et l'espoir des faveurs agglomeraient jadis autour du Dey.

Ceux qui sont restés, traités par vous en concitoyens, en égaux et non pas en vaincus, ont appris à rendre hommage à ce généreux esprit de la mère-patrie, qui n'a jamais cessé d'être le vôtre.

La colonisation de l'Algérie, qu'on a prétendu nier, se montre au sein d'Alger dans tout son éclat. Votre port, décuplé de superficie ainsi que de commerce, des jetées, des bassins, des formes de construction et de radoub, obligent l'observateur de remonter aux plus beaux temps de Carthage pour trouver des créations maritimes qu'on puisse comparer aux vôtres; et le dernier mot de la marine n'est pas dit, pour agrandir et perfectionner votre port en lui donnant la tranquillité parfaite du mouillage.

L'enceinte de votre place est doublée; deux lignes savantes de fortifications descendent de l'ancien château fort du Dey jusqu'à la mer.

Tel est l'ensemble des travaux que pouvait accomplir la seule main d'un grand Gouvernement. Ses ouvrages défensifs ont fait de votre Cité la clef de l'Algérie; et cette clef, dans les mains de l'héroïsme français, est imprenable.

Obtenez seulement du génie bienfaisant de l'Empereur les quelques forts détachés nécessaires pour rendre, du côté de la terre, impossible un bombardement, même avec des armes dont la portée s'accroît sans cesse; alors vous serez garantis contre des souffrances dont il faut éloigner de vous jusqu'à la probabilité, lorsque viendront des temps d'épreuve : les prévoir ainsi les rend impossibles.

Parmi les modernes conquêtes des puissances chrétiennes dans le Sud, dans l'Orient, je ne vois qu'une ville, une seule, dont les constructions Européennes puissent rappeler les vôtres; l'orgueil anglais la nomme, à juste titre, *la Cité des Palais*. Dans Calcutta comme dans Alger, du côté de la marine, l'œil n'aperçoit que les édifices publics, les temples et les hôtels du peuple conquérant et civilisateur ; c'est dans l'arrière plan que s'accumulent, et je dirais presque se blotissent, les quartiers du peuple vaincu, quartiers à voies étroites, fangeuses et misérables ; seulement Calcutta compte 5,000 Européens contre 300,000 Asiatiques, tandis que vous comptez 40,000 Européens contre 10,000 musulmans et 6,000 israélites ; les Anglais sont depuis cent soixante ans à Calcutta, et vous depuis trente ans dans Alger.

Je serais bien fâché si vous ne rappeliez cette cité des palais que du côté des monuments et des constructions. Vous marchez sur ses traces avec d'autres moyens de prospérité : je veux parler des capitaux. De ce côté, vous êtes dès à présent, et vous pouvez être de plus en plus pour l'Algérie ce que la cité britannique des bords du Gange est pour l'Inde tout entière.

C'est à vous d'étudier ce qu'elle a fait, surtout depuis trente ans, afin de vous approprier le même genre de services ; elle est devenue la puissante intermédiaire entre la métropole et l'Hindoustan. Pour l'industrie britannique, elle a commandité dans le Bengale et la culture et la fabrication de l'indigo qui rend aujourd'hui, par an, plus de 50 millions de francs ; quand est venue la grande disette de soie en Occident, elle a fait affluer la soie de l'Inde sur les marchés de l'Europe. Elle a fait planter l'arbre à thé sur les flancs de l'Hymalaya, pour rivaliser avec la Chine, et la rivalité grandit chaque année ; enfin, de concert avec Bombay, qui peut aussi vous offrir des exemples très-utiles, elle donne depuis deux ans une impulsion immense à la culture du coton, et veut remplacer l'Amérique ennemie d'elle-même.

Continuez de faire pour la France, ce que ces deux cités coloniales font si grandement et si bien pour l'Angleterre, faites-le pour enrichir et la métropole et l'Algérie et vous-mêmes, par l'impulsion de vos capitaux. C'est là ce qui m'a fait remarquer avec un si vif intérêt le développement de votre Banque principale, qui, dans l'espace de dix ans, a porté ses opérations de 8 3/4 millions d'escompte à 62 millions. Continuez ce grand progrès, c'est la vie qui circule à grands flots et se développe dans votre Colonie grandissante.

Quand je vous offre des exemples que vous n'avez pas encore égalés, ne croyez pas que je compte pour peu de choses les pas que vous avez déjà faits en mettant si bien à profit le temps. J'éprouve, au contraire, le besoin de vous apporter la mesure de vos succès.

Appréciez la grandeur que trente ans d'efforts ont suffi pour vous permettre d'atteindre. Savez-vous bien que dans tout l'Empire français, qui compte aujourd'hui 41 millions d'habitants parmi ses trois cents villes les plus peuplées, dix seulement le sont plus que vous? Et parmi les dix, cinq sont comme vous des villes de progrès miraculeux.

Vous avez déjà le pouvoir d'influer sur le développement des Cités françaises de premier ordre après Paris.

Pourquoi Marseille, sur la Méditerranée, dépasse-t-elle à si grands pas Bordeaux, son ingénieuse émule sur l'Océan? C'est parceque vous fécondez la Méditerranée.

Avant que les colons français plantassent leur premier arbre au sein de votre première pépinière et qu'ils fondassent leur première maison dans votre cité, Marseille ne dénombrait pas 150,000 habitants, et Marseille à présent en compte 300,000 !

Il vous reste à faire éprouver les bienfaits de votre influence à toutes les cités, non pas seulement françaises, mais étrangères, qui bordent la Méditerranée chrétienne du côté de l'Ouest et du Nord et la Méditerranée musulmane du côté de l'Est et du Sud.

Voyez, par la petitesse de l'état présent de vos relations avec l'étranger riverain de cette mer, quel avenir vous pouvez créer. La France exceptée, un ensemble de nations qui comptent 120 millions d'habitants, ne font encore avec l'Algérie qu'un commerce de 6 à 8 centimes par tête, et, l'Espagne omise, de 1 2/3 de centime par tête !!! Il faudra décupler, vingtupler, centupler cette proportion minime.

Aucune cité d'Afrique, aucune en Maroc, ni Tripoli, ni Tunis ne pourrait rivaliser avec vos progrès. Alexandrie escompte déjà tout ce que le Nil peut fournir ou demander, et quand le canal de Suez sera fini, Port-Saïd empiètera sur les destins du port fondé par Alexandre.

Une autre grande destinée qu'un mauvais génie voudrait étouffer ou du moins nier aujourd'hui, c'est votre influence sur l'intérieur de l'Algérie et de l'Afrique tout entière.

Il faut qu'un fleuve de fer devienne le Nil d'Alger ; il faut que ses transports à vapeur amènent jusqu'à votre port les trésors naturels du petit et du grand Atlas ; et quelque jour, je suis assez audacieux pour l'espérer, il faut que votre fleuve locomotif franchisse le Sahara pour s'avancer vers les rives du Sénégal, véritable fleuve d'eau française : mais laissons faire aux années l'œuvre fastique de la France.

Vous ne propagez pas seulement un commerce matériel, vous êtes avant tout une cité chrétienne.

A vos portes, cent cultivateurs cénobites ont fait une œuvre si grande qu'il n'existe rien de supérieur dans toute la chrétienté; établissez des Staouëlis jusque dans les oasis les plus lointaines. Il ne s'agit plus de renouveler dans les thébaïdes l'ascétisme des contemplations inoccupées, mais d'ajouter à la prière les miracles du travail appliqués à la nourriture des pauvres et des malheureux.

Par l'ensemble des progrès civils, moraux et religieux de la civilisation sur la terre d'Afrique, il faut que les nations émerveillées s'écrient : Voilà donc le parti que peut tirer, d'un pays naguère barbare, la civilisation d'un grand Etat européen : honneur et merci pour la France!

Les villes les plus illustres dans la science et les beaux-arts ont commencé par les plus modestes travaux d'arts et métiers et de labeur; commencez comme elles et comptez pour vous sur la même gloire dans les sphères les plus élevées de l'intelligence et de l'imagination.

Je voudrais que vous demandassiez à nos cités qui surprennent le monde moderne par leur industrie et leur opulence, quelques-unes de leurs institutions à la fois simples, faciles et fécondes ; par exemple, à Lyon, l'école pratique de la Martinière et l'école de dessin des ouvriers. Je voudrais que vous demandassiez à Aix, près de Marseille, le modèle d'une école d'arts-et-métiers où vous apprendriez à vos jeunes artisans ce qu'il faut pour devenir de bons chefs d'ateliers dans tous les genres, de bons exécuteurs d'instruments agricoles, de bons mécaniciens et de bons serviteurs pour vos chemins de fer, enfin de bons contre-maîtres pour tous vos travaux civils. De tels sujets, on vous les demanderait à l'envi sur tous les points de l'Algérie et partout ils élèveraient le niveau des arts utiles, arts indispensables aux grands progrès d'une Colonie.

Voilà, Monsieur le Maire, un bien petit nombre de vues que je crois utiles au développement, à la prospérité de votre noble cité et de toute l'Algérie; elles ont pour objet d'exciter, de justifier et de rassurer vos espérances. Vous n'arriverez pas sans difficultés à la hauteur où vos destinées vous appellent. Accoutumez-vous aux contrariétés, aux calomnies, aux embûches et même à l'adversité temporaire. Vous éprouverez tout cela, et vous surmonterez tous les obstacles par l'intrépidité de votre constant et vrai patriotisme.

L'année prochaine, en poursuivant l'exposé de *La force productive des nations*, œuvre entreprise par l'ordre et sous les auspices de Sa Majesté, j'aborderai l'Afrique. C'est alors que j'exposerai les travaux et ce que j'appelle la métamorphose de l'Afrique française. Mon Rapport au Sénat sera le texte d'un de mes chapitres, fondé, suivant ma méthode, sur la vérité des faits. Un de mes premiers soins sera de vous faire hommage de ce travail.

En vous priant de faire agréer à votre Conseil municipal ainsi qu'à vos Concitoyens l'expression de tous mes vœux et de mes vifs remercîments,

J'ai l'honneur de vous saluer avec la plus haute et la plus affectueuse considération.

Baron Ch. DUPIN,

Sénateur.

ALGER. — TYP. ED. BALME ET Ce.

TYP. ED. BALME ET Cie
RUE DES TROIS-COULEURS, 19
ALGER

www.ingramcontent.com/pod-product-compliance
Lightning Source LLC
LaVergne TN
LVHW010339230826
846091LV00009B/3936

9782019251116